김원아 글 | 간장 그림

차 례

어린이들에게 우리, 공부합시다! · 6

01

공부 싫어
1. 공부하라는 말이 제일 싫어 · 10
2. 공부 안 하고 대충 살고 싶어 · 12
3. 아무것도 하기 싫어 · 14
4. 100점이 다 무슨 소용이야 · 16
5. 꿈이 없는데 어쩌라고 · 18

자신 없어
6. 나는 잘하는 게 하나도 없어 · 20
7. 머리가 나빠서 포기할래 · 22
8. 친구랑 비교하면 초라해져 · 24
9. 못하는 건 하기 싫어 · 26
10. 이미 늦은 것 같아 · 28

재미없어
11. 그냥 다 재미없어 · 30
12. 수업 시간에 배우는 내용이 지루해 · 32
13. 오로지 체육만 하고 싶어 · 34
14. 선생님 목소리만 들어도 잠이 와 · 36
15. 다 아는 내용이라 재미없어 · 38

놀고 싶어
16. 평생 놀고먹고 싶어 · 40
17. 친구들이 노니까 나도 놀고 싶어 · 42
18. 휴대폰을 못 놓겠어 · 44
19. 뭐니 뭐니 해도 게임이 제일 재미있어 · 46
20. 놀다 보면 공부할 시간이 없어 · 48

집중 안 돼
21. 책상에 앉아 있어도 자꾸 딴생각이 나 · 50
22. 선생님 말씀이 이해가 안 돼 · 52
23. 수업 시간에 자꾸 손장난을 하게 돼 · 54
24. 책만 펴면 잠이 와 · 56
25. 아무리 공부해도 머리에 남는 게 없어 · 58
26. 누가 방해하면 딱 공부하기 싫어 · 60

02

흥미
흥미 찾기 · 90
꽤 오래 해 보기 · 91

목표
분명한 목표 세우기 · 94
목표에 가까이, 더 가까이 · 95

노력 싫어
27. 쉽게 유명해지고 싶어 · 62
28. 노력은 힘든 거니까 하기 싫어 · 64
29. 실패할 게 뻔하면 노력하기 싫어 · 66
30. 반복해서 공부하는 게 귀찮아 · 68
31. 공부가 필요 없는 직업도 있던데? · 70
32. 막상 공부를 안 하면 걱정돼 · 72

연습
연습, 연습, 연습만이 살 길 · 98
조금씩, 꾸준히, 구체적으로 · 99

태도
계속 도전하기 · 102
실패에서 배우기 · 103

불안해
33. 공부를 하면 가슴이 답답해 · 74
34. 100점이 아니면 너무 속상해 · 76
35. 좋은 점수를 받아도 불안해 · 78
36. 열심히 하고 있지만 점점 하기 싫어져 · 80
37. 학교 가기 싫어 · 82
38. 공부 안 하는 내가 싫어 · 84

자기관리
체력 관리하기 · 106
몸처럼 마음도 관리하기 · 108

어른들에게 아이의 공부를 응원하는 분들께 · 112

우리, 공부합시다!

유명한 과학자 뉴턴은 떨어지는 사과를 보고 생각했습니다.

'왜 사과는 옆이나 위가 아니라 아래로 떨어질까?'

그리고 질문에 대한 답을 찾았지요. 지구가 사과를 끌어당긴다는 걸 알게 된 겁니다. 뉴턴은 어떻게 답을 찾았을까요? 공부로 답을 찾았습니다. 근면하고 성실하게 공부해서 쌓은 지식을 총동원한 겁니다. 이처럼 공부는 답을 찾는 도구이자, 답을 찾아가는 과정입니다.

우리도 사과를 보며 "왜 아래로 떨어질까?" 질문할 수 있습니다. 하지만 대부분의 사람들은 그 질문에 대한 답을 찾지 못합니다. 똑같이 질문했는데 왜 뉴턴은 답을 찾고, 우리는 답을 찾지 못할까요. 이유는 간단합니다. 뉴턴만큼 공부를 안 했거든요.

학교 공부가 쓸모없게 느껴질 때가 있지요? 왜 배워야 하는지 모르겠고 현실과 아무 상관도 없어 보이잖아요. 그런데 아직 실생활과 연결 짓지 못할 뿐, 학교에서 배우는 내용은 우리의 일상과 긴밀히 연결되어 있습니다. 학교는 인류의 위대한 지식을 신중히 엄선하여 교육 과정에 반영합니다. 단순하고 기초적인 내용으로 시작해서 학년이 올라갈수록 위계적으로 더 복잡한 지식을 제공합니다. 학생 입장에서는 어렵고 배우기 싫을 수 있습니다. 그렇다고 배울 가치가 없는 건 아닙니다. 학교 공부의 유용성은 공부해 보지 않은 여러분이 판단하기에는 아직 이릅니다.

학교에서 배우는 기초 지식은 언젠가 여러분이 창의적인 질문을 하거나 중요한 작업을 할 때 유용한 도구가 됩니다. 그래서 학교 공부가 중요합니다. 세상에는 평생을 공부해도 다 알지 못할 만큼 무궁무진한 지식이 있습니다. 홀로 의미 있는 지식을 찾아 헤매는 것보다는 학교에서 배우면서 지식을 넓혀 나가는 게 훨씬 빠르고 쉽습니다. 쉬운 길을 굳이 마다할 이유가 없습니다.

"저는 위대해지지 않을 거니까 공부 안 해도 되나요?"

아니요. 역사에 남을 위대한 사람이 되지는 못하더라도 어제보다 나은 내 모습은 만들어야지요. 당신은 우주에서 오직 하나뿐입니다. 그 귀한 존재를 스스로 보살피지 않고 내버려 둬서는 안 됩니다. 어린아이도 아끼는 인형을 그렇게 대접하지는 않습니다.

위대한 사람이 안 되어도 좋아요. 그래도 의미 있는 하루를 보냅시다. 나를 이해하고, 나를 둘러싼 세상을 이해하며 시간을 보내는 겁니다. 공부를 하면 세상이 더 깊이 있게 다가와요. 아는 만큼 보이고 아는 만큼 사랑할 수 있습니다. 어제보다 나은 오늘이 반복된다면 그것만으로도 충분히 위대한 삶입니다.

다시 뉴턴 얘기로 돌아가 볼까요? 뉴턴이 한 유명한 말이 있어요.

"내가 더 멀리 보았다면 이는 거인들의 어깨 위에 서 있었기 때문이다."

거인은 뉴턴보다 먼저 살았던 위대한 학자들을 뜻합니다. 그들이 남긴 일생의 연구를 뉴턴은 열심히 공부했지요. 아는 게 많아지자 비로소 답이 보였다는 말을 '거인의 어깨 위에 섰다'고 표현한 것입니다.

우리, 공부합시다. 거인의 어깨를 향해 전진하는 거예요. 그리고 누군가는 꼭 거인이 되십시오. 위에서 바라보는 세상은 지금과는 확연히 다를 겁니다.

그 누군가가 당신이 되길 바랍니다.

01

공부, 보통 싫어하지.
근데 공부가 싫다기보다는
부정적인 생각에 갇힌 건지도 몰라.

어떻게 생각에 갇히냐고?
한 가지 생각만 고집하면 그렇게 돼.
뭐든 하나만 고집하면 좋지 않아.

너 스스로를 가두는 생각,
공부와 멀어지는 생각을 하나하나 살펴보자.

특정 생각에서 벗어나는 순간,
널 둘러싼 세상이 새롭게 보일 거야.

1. 공부하라는 말이 제일 싫어

안 그래도 공부하기 싫은데 답답해.

난 공부하라는 말이 제일 싫어.

너를 응원하는 말이야

네가 더 잘 살았으면 해서 하는 말이야.

그냥 '내 인생을 응원하나 보다' 생각하고 넘어가면 돼.

그러거나 말거나 한 귀로 듣고 흘려도 될 텐데 불편한 이유는 뭘까?

사실 공부해야 한다는 걸 알지만 잘 안 되어서 답답한 거 아닐까?

근데 응원이고 뭐고 너무너무 듣기 싫으면,

"그 말은 좀 부담스러워요."라고 정중하게 말해도 돼.

공부가 막연히 부담스러울 때는 재미있는 공부에 집중해 보자.
가끔은 과학 실험이 재밌을 때도 있고, 체육 시간도 즐겁잖아.
뭐든 집중해서 배우고 익히면 그게 다 공부야.

2. 공부 안 하고 대충 살고 싶어

꼭 열심히 공부하고 잘 살아야 해?

좀 대충 살면 안 되나?

대충 사는 게 마냥 좋지만은 않을 거야

사람은 누구나 자신의 멋진 모습을 기대해.
꼭 힘들게 배우고 크게 성장해야 하는 건 아니지만,
자신의 모습에 어느 정도 만족해야 진심으로 행복할 수 있어.
대충 사는 걸 가장 두려워하는 사람은 사실 너 자신이야.
의미 있는 목표를 세우는 게 좋겠어.

조금이라도 즐거워지는 활동을 더 자주 해 봐.
재미있으면 잘하고 싶은 마음도 저절로 생겨.
의욕이 너를 더 멋진 모습으로 이끌어 줄 거야.

3. 아무것도 하기 싫어

관심 없어. 피곤해. 다 재미없어.
아무것도 하기 싫어.

아무것도 안 하면 즐거울 일도 없지

당장은 편할 수 있는데 시간이 지날수록 힘들어질 거야.

배운 게 없으니 앞으로도 할 수 있는 게 없거든.

그렇게 어른이 될 수는 없잖아. 무기력한 상태에 오래 머무르면 안 돼.

어떻게든 조금씩 움직이면서 활력을 되찾아야지.

널 바꿀 수 있는 건 오직 너뿐이야.

일단 잠을 많이 자고 휴식도 충분히 취한 뒤
작은 일부터 조금씩 움직여 봐. 작은 목표를 이루다 보면
더 큰 일에 도전할 자신감도 생겨.

4. 100점이 다 무슨 소용이야

100점이 뭐 그리 대단해?

고작 한 과목 100점인데.

100점에는 많은 노력이 담겨 있어 멋지지

잘하고 싶은 마음, 성실하게 공부한 시간, 신중히 답을 선택하는 집중력.

어느 하나라도 빠지면 받기 어려운 점수야.

드문 점수라서 많은 사람들이 100점을 좋아해.

특히 부모님이 100점을 참 좋아하지.

왜냐하면 자녀가 굉장히 열심히 살고 있다는 느낌이 들거든.

100점은 점수 그 자체보다 노력하는 자세가 담겨 있어 멋진 거야.

100점을 받아 보는 건 귀한 경험이야.

뭐든 직접 경험해 봐야 참된 가치를 느낄 수 있어.

하루하루 꾸준히 노력하면 어느 순간 100점이 찾아올 거야.

5. 꿈이 없는데 어쩌라고

나만 꿈이 없으니까 좀 그래.

근데 내가 어떻게 알아? 아주 먼 나중 일을.

아직 꿈이 없어도 괜찮아

그래도 꿈을 찾으려는 시도는 계속해야 해.
희망과 목표가 있어야 성장하거든.
꿈을 너무 거창하게 생각하지 않아도 돼.
평소 즐겁게 했던 일들을 떠올려 봐.
뭔가 더 잘하고 싶었던 순간도 유심히 살펴보고.
거기에서 너만의 꿈이 피어오를 거야.

당장 꿈이 없으면 학교 공부를 두루두루 열심히 해 두면 좋아. 아는 게 있어야 꿈도 생기거든. 그리고 나중에 꿈을 찾았을 때 미리 해 둔 공부가 큰 도움이 될 거야.

6. 나는 잘하는 게 하나도 없어

부러워. 난 남들보다 못한 사람인 것 같아.

나도 잘하는 게 하나쯤은 있으면 좋겠어.

너도 잘하는 게 있는데 아직 모르는 거야

누구나 잘하는 게 하나쯤은 있어.

그런데 시간과 노력이 꽤 들어가야 재능도 보여.

그저 눈으로 쓱 봐서 알게 되는 게 아니고,

직접 몸으로 배우면서 깨닫는 거야.

재능이 있다고 처음부터 막 저절로 잘 되지는 않아.

지루한 연습을 견디고 적응해야 비로소 재능을 만날 수 있지.

유독 즐거웠거나 잘했다고 칭찬받은 경험을 떠올려 봐.
주변 사람들에게 나의 장점을 물어보는 것도 좋은 방법이지.
생각지도 못한 재능을 발견할지도 몰라.

7. 머리가 나빠서 포기할래

난 머리가 나쁜 것 같아.

뭐든 해 봤자 안 될 것 같아서 빨리 포기하려고.

머리가 좋아도 포기하면 소용없어

머리가 좋은 사람은 노력 없이도 성공할 수 있을까?

절대 그렇지 않아. 머리가 좋다고 저절로 되는 게 아니야.

머리가 나쁘다고 생각하는 게 진짜 머리가 나쁜 것보다 훨씬 더 위험해.

나의 가치를 스스로 가차 없이 낮춰 버리면 안 돼.

다른 사람도 섣불리 평가하면 안 되고.

제대로 해 보지도 않고 어떻게 알아? 아직 어리고 이제 시작인걸.

노력하지 않으면 딱 거기서 멈추는 거야.

모르면 모르는 걸 쿨하게 인정하고 다음 단계로 넘어가.
수준과 취향에 맞는 교재를 찾아서 차근차근 시작하자.
혼자서 하기 어려우면 부모님이나 선생님께 도움을 요청해.

8. 친구랑 비교하면 초라해져

친구들과 나를 자꾸 비교하게 돼.

친구들에 비하면 내가 너무 초라해.

친구랑 비교하면 기분만 안 좋아질 뿐이야

저절로 떠오르는 생각을 조절하는 게 쉽진 않지만

그런 생각은 굳이 안 하는 게 좋아.

남과 비교하는 건 애를 써서라도 끊어야 해.

비교를 하다 보면 더, 더 가진 사람이 기준이 돼서 끝이 안 나거든.

그런 식으로 자꾸 자신을 괴롭히면 안 돼.

너한테 이로울 게 하나도 없단다.

남과 비교하는 대신 '어제의 나'와 '오늘의 나'를 비교하자.

어제보다 나은 네가 되었다면 그걸로도 감사한 일이야.

하루하루 노력하다 보면 어느새 탁월해져 있을 거야.

9. 못하는 건 하기 싫어

난 어려운 건 딱 질색이야. 못하는 건 하기 싫어.
잘하는 것만 하고 싶어.

못하는 걸 인정하고 배우자

지금 못하는 건 해 본 적이 없거나

과거의 네가 열심히 하지 않아서 그런 거야.

지금 도전하지 않으면 앞으로도 잘할 수 없지.

숨지 말고 더 배워야 잘하는 것도 그만큼 많아져.

새롭게 배우는 걸 두려워하지 마.

어려운 걸 참고 계속 연습할 때 더 크게 성장한단다.

어려운 것도, 못하는 것도 다 배우는 과정이야.
소소한 성공과 실패에 크게 연연하지 말자.
노력이 켜켜이 쌓여 유능해진 '미래의 나'를 기대해 봐.

 자신 없어

10. 이미 늦은 것 같아

내가 공부할 때 쟤들은 노나?

그러니까 난 이미 늦었다고.

늦었다고 생각하면 아무것도 시작할 수 없어

시간은 과거로 돌아가지 않아. 늘 미래로 향하지.

그래서 너에게 남은 시간 중에서는 지금이 제일 빠른 순간이야.

돈을 낭비하면 가난해지는 건 누구나 알잖아. 그런데 시간을 낭비하면 어떻게 될까?

지금 모습 그대로 몸만 자라는 거지.

잘하는 게 하나도 없는 어른이 되고 싶진 않을 거야.

그러니 더는 머뭇거리지 말고 바로 시작해. 늦지 않았어.

어린이는 어른에 비하면 대단한 시간 부자야.

오늘부터라도 시간을 귀하게 여기고 알차게 채워 보자.

시간과 노력은 절대 배신하지 않지.

11. 그냥 다 재미없어

나는 다 재미없는데.

아무것도 하기 싫은데.

아직 안 해 봐서 모를 수 있어

직접 해 봐야 재미도 느낄 수 있거든.
쉽지 않겠지만 용기 내서 이것저것 시도해 봐.
아무래도 익숙한 게 편하지. 새로운 걸 하면
서투르니 당연히 거부감이 느껴질 거야.
그래도 불안해하지 말고 서서히 너만의 재미를 찾아봐.
익숙하지 않은 경험을 하다 보면 미처 몰랐던
네 모습을 발견할 수도 있어.

다 재미없어, 하고 꽁꽁 숨어 버리면 안 돼.
시시해 보이더라도 직접 부딪치면서 다양한 경험을 만나 봐.
아무것도 안 하는 것보다는 더 흥미진진한 하루가 될 거야.

12. 수업 시간에 배우는 내용이 지루해

난 가만히 앉아서 쉬는 시간만 기다려.

참는 게 너무 힘들어.

지루해 보여도 소중한 지식이야

국어, 수학, 사회, 과학, 당장은 필요 없어 보일지 몰라.
하지만 실제로 인류의 주옥 같은 재산이야.
오랜 시간 심사숙고한 끝에 배울 가치가 있다고 인정받아서
살아남은 대단한 지식이지.
너를 둘러싼 세상을 이해하는 데 큰 도움이 될 거야.
일단 주변 세상에 관심을 좀 가져 보는 건 어때?

시간과 장소에 나를 맞추는 연습도 필요해.
바르게 앉고 선생님을 바라보고 친구들과 정중하게 대화하고.
사람이 언제 어디서나 늘 자유롭게 살 수만은 없거든.

13. 오로지 체육만 하고 싶어

나만 그런 게 아니고 보통 다 체육을 좋아해.

체육만 공부하면 안 되나?

체육만 중요한 과목이 아니라서
어쩔 수가 없네

모든 과목이 저마다 가치가 있어.
누구는 국어를 통해 작가의 꿈을 키우고,
누구는 수학자가 되고 싶어 해.
과학자가 되길 원하는 사람도,
역사학자를 꿈꾸는 사람도 있어.
다양한 사람을 위해 다양한 교육이 필요해.

여러 가지 과목을 공부하는 게 힘들 수는 있지만,
다양한 지식을 맛보지도 않고 거부하지는 말자.
알고 보면 너 체육 말고도 잘하는 거 많을걸.

14. 선생님 목소리만 들어도 잠이 와

이게 다 어렵고 재미없어서 그런 거야.

졸리면 어쩔 수 없잖아.

목소리보다 의지가 중요해

실제로 자는 시간이 부족하다면 밤에 일찍 자는 게 좋아.

그게 아니라면 배울 생각이 없어서 지루한 거지.

제대로 참여하지도 않고 가만히 앉아만 있으면 누구라도 졸려.

그런데 현실적으로 네가 선생님의 수업이나 목소리를 바꿀 순 없잖아.

간절히 배우고자 한다면 목소리가 무슨 대수겠어.

선생님은 네가 지식과 연결되도록 도와주는 사람이야.

간혹 선생님이 너랑 안 맞을 수도 있어.

그렇다고 자 버리는 게 나을까, 뭐라도 건지는 게 나을까?

15. 다 아는 내용이라 재미없어

난 다 알겠는데 왜 자꾸 반복하는 거야?

너무 쉬우니까 더 지루해.

정말로 다 알아?

익숙한 일이 반복되면 지루할 수 있지.

즐겁고 새로운 걸 원하는 마음이 있기 때문이야.

그런데 어떤 순간도 완벽히 똑같지는 않아.

새롭게 배우는 부분이 하나쯤은 분명히 있을 거야.

이미 배운 걸 네가 잘 알고 있는지 점검해 보는 것도 의미가 있어.

아무리 생각해도 쉬우면 좀 더 어려운 과제를 찾아봐.
네 능력보다 조금 더 어려운 과제를 만나면 호기심이 생길 거야.

16. 평생 놀고먹고 싶어

평생 놀고먹고 싶어. 그러면 안 돼?

부모님이 부자면 얼마나 좋아.

평생 놀고먹으면 지루할걸?

그냥 당장 귀찮고 피곤해서 노력하기 싫은 거야.
그런데 놀고먹는 것도 한계가 있어.
재미있는 놀거리가 끊임없이 저절로 생기지 않잖아.
놀고 놀고 또 놀다 보면 어느 순간 모든 게 지루해질 거야.
'나 뭐 하지?' 하는 순간이 분명히 온다고.
어떤 사람도 놀고먹기만 하는 생활에 진심으로 만족할 수는 없어.

일을 통해서 느끼는 행복도 있어.
새로 배우고, 잘하게 되는 즐거움이지.
어떤 모습으로 살아가고 싶은지 진지하게 생각해 봐.

17. 친구들이 노니까 나도 놀고 싶어

친구를 못 사귀면 학교생활이 힘들어.
그러니 어쩔 수 없이 같이 노는 거야.

놀다가 정작 중요한 걸 놓치면 안 돼

중요한 건 친구가 아니라 공부지.
다 함께 현실을 회피하고 있는 거야.
그냥 놀고 싶은 마음에 친구 탓을 하는지도 몰라.
해야 할 일을 미루고 같이 놀면 왠지 안심도 되고.
그런데 해야 할 일을 자꾸 미루면 나중에는 걷잡을 수 없이 커져.
그러면 다시 공부할 엄두가 안 나서 포기할 가능성이 높지.
할 일은 하고 놀자.

공부를 하면서도 친구와 얼마든지 어울릴 수 있어.
열심히 사는 게 존중받지 못한다면 깊은 우정은 아니야.
서로에게 도움이 되는 친구를 사귀자.

18. 휴대폰을 못 놓겠어

볼 게 너무 많고, 다 재밌어!

이러니 내가 어떻게 휴대폰을 놓냐고.

휴대폰은 원래 놓기 어려운 거야

휴대폰은 하는 동안에만 재밌지, 성취감이 큰 활동은 아니야.
그래서 오래 하고 나면 뿌듯하기는커녕 오히려 마음이 헛헛하지.
휴대폰이 정말로 도움이 되는지, 그 시간이 유용한지 생각해 봐.
당장은 편안하고 위안을 받는 것 같아도
실제로는 도움이 안 되는 습관이야.
그래서 시간을 정해 두고 하면 좋아.

휴대폰은 사실 어른들도 놓기 힘들어.
세상 구경을 하느라 정작 네 삶에 소홀해지면 안 돼.
너의 삶은 발을 딛고 있는 지금, 여기에 있잖아.

 놀고 싶어

19. 뭐니 뭐니 해도 게임이 제일 재미있어

아무리 이것저것 다 해 봐도,

역시 게임이 제일 재미있어!

게임 시간을 스스로 조절해야 해

게임에 지나치게 빠져 현재를 잊으면 삶의 질이 급격히 떨어져.
게임에 에너지를 많이 써서 정작 중요한 걸 제대로 할 수 없거든.
뭐든 스스로 통제할 수 있을 때 가치가 있는 거야.
당장은 재미있고 짜릿할 수 있지만 순간의 즐거움일 뿐이야.
게임 시간을 서서히 조절해서 본래의 네 삶에 더 집중하자.
도저히 절제가 안 되면 부모님과 선생님께 도움을 요청하자.

어쩌면 네가 게임을 좋아하는 건 취미라 그럴 거야.
좋아하던 게임도 학교 공부처럼 계속 하라고
강요받으면 싫어질걸?

20. 놀다 보면 공부할 시간이 없어

놀기도 바쁜데 공부를 언제 해?

지금 당장 노는 게 공부보다 중요하다고.

공부를 미룬 게 살짝 불편하지만.

공부 먼저 하고 마음 편히 놀자

누구에게나 똑같은 24시간을 어떻게 보내느냐에 따라 인생이 달라져.

멋진 인생을 살고 싶다면 공부부터 하고 남는 시간에 놀아야 해.

노력한 시간이 모여 탄탄한 미래를 만들거든.

그렇게 놀기만 하다가 나중에는….

더 놀고 싶지 않은데도 할 수 있는 게 없어서

어쩔 수 없이 쭉 놀아야 할 수도 있어….

중요한 일을 하고 남는 시간을 여가 시간이라고 해.
여가 시간이 의미 있으려면 열심히 노력한 시간도
필요해. 그래야 걱정 없이 더 잘 놀 수 있어.

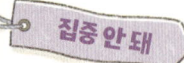

21. 책상에 앉아 있어도 자꾸 딴생각이 나

나는 그러고 싶지 않은데 머리가 제멋대로 날뛰니 난감해. 아오.

책상 앞에 앉아 있는 것만도 대단해

집중력이 부족해서 자꾸 딴짓을 하게 되는 거야.
아주 자연스러운 일이니까 스스로를 탓할 필요는 없어.
공부하고 싶은 마음도, 자꾸 딴짓하고 싶은 마음도 너야.
두 가지 마음을 모두 편안하게 인정해. 그리고 마음을 다잡는 거야.
'아, 내가 또 도망가고 싶어 하네. 그래도 공부할 거야.'

놀든 공부하든 일단 책상에 진득하게 앉아 있는 게 중요해.
책상에 앉아 있는 게 습관이 되어야 집중도 습관이 되거든.
엉덩이가 먼저 의자에 익숙해져야 머리도 제 할 일을 한단다.

22. 선생님 말씀이 이해가 안 돼

수업이 이해가 안 되니까 아무것도 안 들려.
나만 모르는 걸까 봐 물어보기도 좀 그래.

이해가 안 되면 선생님께 물어봐

공부는 모르는 걸 인정하는 것에서부터 시작하는 거야.

좋은 질문일지 어리석은 질문일지 신경 쓸 필요 없어.

질문에는 정답이 없거든.

열심히 들었는데도 이해가 안 되면 너만 모르는 게 아닐 거야.

필요한 질문이니까 용기를 내.

모르는 건 꼭 답을 알고 지나가야 해.

그냥 넘어가면 다음에 또 모를 테니까.

공부의 가장 큰 즐거움은 새로 깨닫는 거야.

23. 수업 시간에 자꾸 손장난을 하게 돼

나도 안 하고 싶은데 늘 내가 그러고 있어.
이유가 뭘까?

손장난은 안 하려고 노력해야 해

손장난은 큰 의미가 없고 특별히 재미있지도 않아.

그냥 심심해서 뭐든 잡히는 대로 만지작거리는 거지.

손장난은 하다 보면 은근 집중하게 되어서 수업과 점점 멀어져.

중요한 말을 자꾸 놓치니까 그다음에 뭘 해야 하는지도 모르고.

진짜 도움이 안 되는 행동이라 그만두는 게 좋아.

책상 위에 수업과 관련 없는 물건을 모두 치우고,

집중해서 선생님을 바라보는 것부터 시작하자.

그러면 어느새 귀도 활짝 열리면서 집중하게 될 거야.

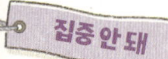 집중 안 돼

24. 책만 펴면 잠이 와

왜 책만 펴면 자꾸 잠이 오는 걸까.
나도 공부 좀 제대로 해 보고 싶은데.

책이 재미없어서 그래

책에 관심이 없고 내용도 궁금하지 않아서 잠이 올 수 있어.
갖고 싶던 장난감의 사용 설명서를 보면서 꾸벅꾸벅 졸 리는 없잖아.
일단 배우는 내용에 흥미를 가지려고 애써 보자.
그리고 너에게 좀 더 적합한 교재와 공부 방법을 찾아봐.
교재는 재미있어 보이면서도 내용이 간결하면 좋아.
눈으로만 읽지 말고 소리 내어 읽는 것도 도움이 될 거야.

선생님이 되었다고 가정하고 내용을 설명해 봐.
그러면 의미 있는 부분이 더 잘 보여. 또 말하면서 자지는 않을 거잖아. 설명은 아주 효과적인 공부법이야.

 집중 안 돼

25. 아무리 공부해도 머리에 남는 게 없어

왜 나는 해도 안 되는 걸까.
열심히 해도 안 되니까 답답해.

이왕 하는 거 머리에 남는 공부를 해야지

열심히 해도 소용이 없다면 공부 방법이 잘못됐을 가능성이 커.

중요하지 않은 내용을 공부하거나 사소한 부분만 파고들었거나.

그러면 시간과 노력이 너무 아까워.

다양한 공부 방법을 살펴보고 너에게 알맞은 방법을 찾아보자.

효율적으로 공부하는 것도 중요해.

책을 소리 내어 읽는 방법, 인터넷 강의를 귀로 듣는 방법, 친구와 번갈아 설명하는 방법 등 공부 방법도 가지각색이니 다양하게 시도해 보자.

집중 안 돼

26. 누가 방해하면 딱 공부하기 싫어

내가 공부하려고 해도 매번 쟤 때문에 못 해.
공부할 맛이 뚝 떨어져.

공부할 의지가 부족해서 거슬리는 거야

누가 널 진짜로 방해할 수도 있지만
사실은 의지가 부족한 경우가 많아.
정말로 원하는 게 있으면 무슨 수를 써서라도 해내잖아.
어떻게든 해결 방법도 찾아내고.
공부하기 싫어서 핑계를 대는 건지도 몰라.
좀 더 강한 의지가 필요해.

가족들에게 조용히 해 달라고 요청하자.
공부한다고 하면 부모님도 도와주실걸.
그래도 안 되면 공부 장소를 바꿔 보는 건 어때?

27. 쉽게 유명해지고 싶어

나도 쉽게 유명해지고 싶어.

어디 지름길 없나?

쉽게 유명해지는 길은 없어

모두가 원하고 가치 있는 일이라면 더더욱 그렇지.

그래서 다들 무척 노력하며 살아.

유명해지고 싶다면 더 치열하게 살아야 하는 거야.

정말로 성실하게 노력해야 해.

공부로 실력이 탄탄히 다져지면 너의 힘찬 기운이

세상에 좋은 영향을 주게 될 거야.

유명해진 사람도 모든 게 그리 쉽지만은 않았을 거야.

누구에게나 자기 몫의 고민이 있거든.

그래도 노력해서 성공하는 건 역시 기쁜 일이야.

28. 노력은 힘든 거니까 하기 싫어

꾸준히 노력하는 건 너무 지루해. 놀고 싶은 마음을 어떻게 버리냐고. 애쓰는 건 힘들어서 싫어.

노력이 힘든 만큼 얻는 게 있지

가만히 돌이켜 보면 노력 없이 저절로 얻은 게 별로 없어.
두 발로 걷는 것도 수없이 엉덩방아를 찧으며 습득한 기술이야.
작든 크든 노력의 순간이 켜켜이 모여 지금의 네가 된 거지.
'No pain No gain.' 고통이 있어야 얻는 것도 있다는 뜻이야.
대개 큰 고통을 이겨 내고 나면 더 큰 성과를 얻는 경우가 많아.

열심히 노력해도 결과가 만족스럽지 않은 순간이 분명히 와.
그런데 그게 끝이 아니야. 서서히 실력이 채워지는
과정 중의 한순간일 뿐이야.

29. 실패할 게 뻔하면 노력하기 싫어

성공이 확실히 보장되지 않으면 노력하기 싫어.
실패하면 노력한 시간이 너무 아깝잖아.

아무것도 하지 않는 게 가장 큰 실패야

실패해도 그동안 노력하면서 쌓은 실력은 여전히 네 안에 있어.
시작도 하기 전에 섣불리 계산하면 오히려 일을 그르치게 돼.
일어나지도 않은 일을 미리 걱정하는 건 아무 의미가 없어.
일단 그냥 부딪쳐 보는 거야.
잘 못하더라도 아무것도 하지 않는 것보다는 훨씬 나아.

단번에 성공하는 일은 잘 없어. 하지만 묵묵히 계속
하다 보면 기대했던 것보다 더 잘하기도 하지.
매일 이전보다 나은 네가 되어 가는 게 진정한 성공이야.

30. 반복해서 공부하는 게 귀찮아

예습, 복습, 예습, 복습….
매일 똑같은 걸 반복하는 거 너무 힘들어.

반복해서 남는 게 다 네 거야

중요한 내용일수록 더 반복하자.
자주 보고 익히면 뇌도 그게 중요하다고 인식해서
꺼내기 쉬운 곳에 두거든.
그러면 언제든지 원할 때 쉽게 꺼내 쓸 수 있지.
목적이 분명할수록 반복과 연습이 더 의미 있게 느껴질 거야.

기본 지식은 다양한 과제를 해결할 때 유용해.
차곡차곡 저금해 둔 지식으로 훗날 창의적인 과제를
해결하는 큰 즐거움을 맛볼 수 있어.

31. 공부가 필요 없는 직업도 있던데?

난 커서 유튜버가 될 거야. 그냥 동영상만 찍어서 올리면 되잖아. 공부할 필요가 없다고.

공부가 필요 없는 직업은 없어

너튜버가 그냥 웃고 떠드는 것 같아 보여도 실상은 많은 공부가 필요해.
영상 찍고 편집하는 기술을 배워야지, 사람들이 좋아하는 콘텐츠가 뭔지
조사하고 연구해야지, 어떻게 개성 있는 콘텐츠를 만들지도 공부해야지.
만약 일찌감치 재능을 찾았다면 지금 바로 시작해도 돼.
단, 모든 걸 스스로 해야 하니 더 힘들 수 있어.
굳건한 의지와 단단한 각오가 필요하단다.

미래를 단순하게 한 방향으로만 생각하지 않으면 좋겠어.
지금 꿈도 소중하지만 꿈이 바뀔 수도 있잖아.
어른들도 공부를 통해 직업을 바꾸기도 하거든.

32. 막상 공부를 안 하면 걱정돼

참 이상하지? 막상 공부를 안 하면 좀 찝찝해.
맨날 놀다가 커서 백수 되는 거 아냐?

의미 있는 삶을 바라는 마음이 너를 흔드는 거야

현재의 모습과 원하는 모습이 너무 다르면 불안해.
네 깊은 마음에서는 마냥 게으르고 편안한 일상보다
노력하고 성취하는 일상을 원하는 거야.
진짜 마음을 알아차리고 원하는 걸 얻기 위해 노력해 보자.
불안한 마음은 공부를 해야 사라질 거야.

시간을 정해서 조금씩 규칙적으로 공부해 보는 게 어때?
단번에 많이 하다가는 금방 지칠 수 있거든.
오늘은 10분, 내일은 15분, 조금씩 조금씩 늘려 보자.

불안해

33. 공부를 하면 가슴이 답답해

답답해!

왠지 아픈 것 같은 기분이야.

책상에 앉으면 가슴이 답답해.
심장이 두근두근 뛰고 머리도 아파.

마음이 힘들어서 일시적으로 그럴 수 있어

몸이 괴롭다고 보내는 신호야.

원인은 공부일 수도 있고 다른 일 때문일 수도 있지.

비상 신호를 외면하고 내버려 두면 언제고 다시 찾아와 괴롭힐 거야.

잠시 공부와 떨어져 답답한 마음을 정면으로 바라봐.

괴로운 상태를 견디면서까지 공부를 하는 건 큰 의미가 없어.

다 행복해지자고 하는 일이거든.

공부 잘하는 것보다 마음이 건강한 게 우선이야.
부모님, 선생님 모두 '공부, 공부' 하는 것 같지만 그건
건강한 뒤의 이야기지.

34. 100점이 아니면 너무 속상해

남들은 쉽게 받는 것 같은데 나한텐 100점이 왜 이렇게 어려운 걸까? 너무 속상해.

100점이 아니어도 괜찮아

준비하고 기대한 것과 실제로 받은 점수가
다르면 실망할 수 있어.
기준이 높을수록 좌절감을 더 크게 느끼지.
근데 100점만 고집하면 공부가 점점 더 힘들어질 거야.
'나는 100점을 맞아야 해.', '100점이 아니면 아무런 의미가 없어.'
하는 생각은 불안만 키우고 성장에 도움이 안 돼.

100점을 받았다고 다 아는 것도 아니야.
최선을 다해 배우고 준비했으면 그것으로 충분해.
늘 100점일 순 없어. 자신에게 좀 더 너그러워지렴.

불안해

35. 좋은 점수를 받아도 불안해

다음에도 좋은 점수를 받을 수 있을까?
잘해도 계속 불안해.

좋은 점수에 마냥 기뻐해도 돼

기쁜 순간에는 오직 그 순간에만 집중해.

너도 알다시피 좋은 결과가 늘 찾아오는 건 아니니까.

누구는 노력에 기대고 누구는 운을 기대해.

근데 운도 실력이 받쳐 줘야 찾아오지.

네가 노력한 시간이 좋은 결과를 만든 거니까

행복해할 자격이 있어.

열심히 노력해도 원하는 결과를 얻지 못하는 순간이 오면, 운 탓하지 말고 배움의 기회로 삼자. 점수가 아니라 배움 그 자체에 목적을 두고 공부하자.

36. 열심히 하고 있지만 점점 하기 싫어져

처음엔 배우는 게 좋았는데 점점 하기 싫어져.
다 그만두고 싶은데 여태껏 한 게 아까워서
놓을 수가 없어.

열심히 하다 보면 지칠 수 있어

지금은 몸도 마음도 좀 지친 것 같아.
처음엔 해내는 게 즐겁고 칭찬받는 것도 좋았을 텐데….
성취감을 느끼며 충분히 기뻐할 시간도 있어야 해.
그럴 새 없이 끊임없이 달려가면 누구라도 힘들 거야.
일단 지금까지 열심히 한 자신을 칭찬해 주고 좀 쉬자.

쉬면서 처음 배울 때의 마음가짐을 다시 꺼내 보자.
왜 열심히 했는지, 어떤 부분이 즐겁고 의미 있었는지.
지금 힘들어서 보지 못하는 마음을 다시 일깨우는 거야.

37. 학교 가기 싫어

왜 학교에 꼬박꼬박 가야 하는지 모르겠어.

난 진짜로 학교에 가기 싫거든. 그만두고 싶어.

안타깝지만 학생은 학교에 가야 해

우리나라에서는 중학교까지 의무 교육이야.
그래서 현실적으로 피하기 어려워.
아직 잘 모르겠지만 학교라는 단단한 울타리가
너희를 보호하고 있는 거야.
그 울타리를 섣불리 벗어나면 무척 힘들어져.
적절한 교육을 받지 못하면 많이 성장하기 어렵거든.

학교에 애정을 붙일 만한 구석을 찾아보자. 친구를 사귀고 특별 활동을 해 보고. 실제 네 인생에서 학교에 가는 시기보다 가지 않는 시기가 훨씬 길단다.

38. 공부 안 하는 내가 싫어

난 너무 의지가 약해. 공부 안 하는 내 자신이 한심해. 이번 생은 망했어.

공부 안 한다고 해결될 문제가 아니야

공부 잘하는 친구가 부럽고 멋있어 보이면 너도 공부해야지.

아직 안 망했어. 벌써 망했다고 하기엔 남은 날이 너무 많아.

조급해할 필요 없어.

서서히 노력하면서 태도를 바꾸면 돼.

결국 공부를 해야 마음이 편해질 거야.

사람은 자기가 진심으로 원하는 모습으로 살아야 행복해.

네 자신을 싫어하면서 사는 건 너무 불행하잖아.

공부하면서 원하는 모습에 가까워지렴.

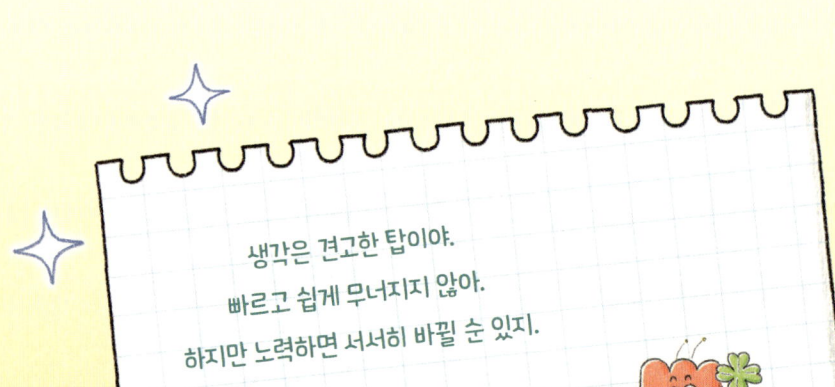

생각은 견고한 탑이야.
빠르고 쉽게 무너지지 않아.
하지만 노력하면 서서히 바뀔 순 있지.

긍정적인 생각을 많이 해 보자.
생각이 행동으로 이어지면
마음도 굳건해져.

시작이 가장 어려워.
아무래도 익숙한 게 편하지.
그렇지만 머무르는 게 늘 정답은 아니야.

용기 내서 경험 속으로 성큼 들어가자.
가 보지 못한 새로운 길을 개척하자.

02

도전!

흥미

목표

연습

태도

자기 관리

흥미 찾기

좋아하는 걸 하면서 살아야 행복해. 의미도 없고 재미도 없으면 지루하지. 딱히 하고 싶은 일이 없고 심심하니까 의미 없는 놀이에 빠지기도 해. 목적 없이 휴대폰을 하거나, 시간 가는 줄 모르고 게임을 하는 거야. 그렇게 시간과 에너지를 엉뚱한 데 쓰다 보면 어른이 되어서도 딱히 흥미로운 일을 찾기 힘들어.

재미있는 게 '짠!' 하고 저절로 나타나길 기다리지 말고 먼저 찾아 나서자. 자꾸 떠오르는 일, 누가 시키지 않아도 하게 되는 일에 주의를 기울여 봐. 관심을 가지지 않으면 중요한 순간도 그저 스쳐 지나가지.

앞으로 많은 시간이 너를 기다리고 있어. 시간과 에너지를 가치 있게 사용하자.

꽤 오래 해 보기

① 다양한 특별 활동에 참여하기

학교에서 할 수 있는 다양한 활동에 관심을 가지자. 학교생활이 늘 똑같아 보여도 자세히 보면 여러 가지 행사가 꽤 많아. 학생 회의, 과학 탐구 행사, 독서 행사, 진로 행사, 영어 말하기 대회나 노래 대회, 그리고 방과 후 수업까지 많이 준비되어 있지. 안 해 본 일들을 해 보는 거야. 새로운 경험 속에서 미처 몰랐던 모습을 발견할 수 있어.

해 보지 않은 일은 엄두가 안 나거나 귀찮을 수도 있지만 꼭 용기 내어 해 봐야 해. 직접 해 봐야 좋은지 싫은지, 잘하는지 못하는지 알 수 있어.

괜히 도전했다가 실패하면 어쩌나 두려울 수도 있어. 하지만 진짜 실패는 아무것도 시도하지 않는 거야.

② 꽤 오래 해 보기

시작부터 '우아, 흥미를 찾았어! 이게 내 재능이야!' 하는 마법은 없어. 재능이 있다고 해서 시작부터 재밌고 잘할 수는 없거든. 잘하지 못하

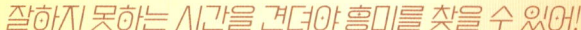

잘하지 못하는 시간을 견뎌야 흥미를 찾을 수 있어!

는 시간을 견디고 어느 정도 실력이 차올라야 재미도, 재능도 찾을 수 있지. '아, 즐겁다!' 하고 느끼는 순간이 중요해. 시간 가는 줄 모르고 집중하다 보면 막 뿌듯하잖아. 내가 자랑스럽기도 하고. 그런 순간이 흥미와 가까워지고 있다는 증거야. 귀한 감정이니까 잘 기억하고 끈기 있게 해 봐.

③ 흥미의 범위 넓히기

직접 경험하기 힘든 건 영상이나 책을 활용하자. 밀림을 간다거나 우주를 탐험하는 건 원한다고 할 수 있는 게 아니니까.

책은 지식을 탐구하는 데 무척 유용한 도구야. 너보다 먼저 관심을 가지고 연구한 사람들이 알게 된 것을 기록한 결과물이거든. 소중한 인류의 지식이지. 그러니 책을 통해 궁금한 점을 더 깊이 탐구할 수 있을 거야.

요즘엔 영상 정보도 무궁무진해. 책보다 쉽고 생생하게 배울 수 있지. 특히 EBS 교육 방송에서 만든 영상은 전문적 지식을 토대로 만들어서 유용하지. 영상을 볼 때는 정확한 정보를 제공하는 영상을 잘 선택해야

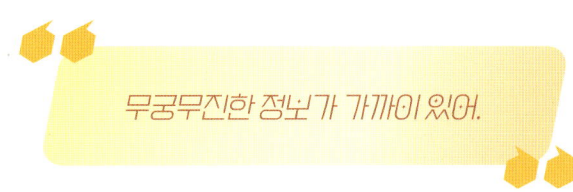
무궁무진한 정보가 가까이 있어.

해. 그리고 주제를 정해서 탐구해 보자.

예를 들어, 로봇에 관심이 생기면 책을 먼저 살펴봐. 보통 책은 전문가들이 쓰는 경우가 많아서 믿을 만한 정보를 담고 있거든. 책을 통해 현재의 로봇 기술과 유명한 로봇 과학자를 먼저 파악해. 그리고 책에 나온 내용을 영상으로 찾아보는 거지. 과학자 이름이나 궁금한 단어를 인터넷에 검색하면 돼. 정확한 검색어를 사용할수록 정확한 지식에 접근할 확률이 높아져. 그래서 적당한 검색어를 찾기 위해서라도 책을 곁에 두면 좋아.

책과 영상을 두루 접하며 지식을 점점 확대해 보자. 아는 게 많아질수록 궁금한 것도 많아지지. 질문을 만들고 해답을 찾아 가며 하나의 주제를 깊이 있게 탐구하자.

분명한 목표 세우기

목표는 늘 가슴에 품고 있어야 해. 당장 지키지는 못하더라도 자신이 뭘 원하는지 정도는 분명히 알고 있는 게 좋거든. 목표가 뚜렷해야 의지도 생기고 필요한 노력도 할 수 있어.

목표는 멋지게 달성하는 순간만 가치 있는 게 아니야. 하루하루 목표에 가까워지려고 생각하고 애쓰는 모든 순간이 의미 있어. 그래서 목표는 꼭 필요해.

목표에 가까이, 더 가까이

① 너에게 가치 있는 큰 목표 세우기

스스로 중요하다고 생각하는 걸 목표로 세워야 해. 거창한 목표가 아니어도 괜찮아. 다른 사람이 보기에 소소해 보이더라도 너 자신에게 매력적이라는 게 중요해. 그래야 노력할 가치가 있다고 스스로 느낄 수 있거든. 그렇게 느껴야 실천해 나갈 의지도 생기고. 이미 여러 번 실패했더라도 원했던 것을 끊임없이 떠올리자. 더 노력하면 좋았을 텐데, 하는 못내 아쉬운 일들 말이야. 그중에서 한 가지를 선택하자.

② 큰 목표를 위한 작은 목표 세우기

큰 목표를 위한 작은 목표도 만들자. 큰 목표를 달성하려면 시간이 꽤 오래 걸려. 현재와는 거리가 너무 멀어서 도중에 쉽게 지치지. 그래서 세세한 작은 목표를 만드는 거야. 작은 목표를 달성할 때마다 성취감을 느끼며 힘을 낼 수 있거든.

작은 목표는 명확하고 구체적이면 좋아. 예를 들어, '수학 공부를 열심히 할 거야.'보다는 '하루에 수학 문제집을 2장씩 풀 거야.' 같은 목표

 구체적인 목표를 세우자.

가 좋아.

작은 목표와 큰 목표 사이의 거리가 너무 멀면 중간 목표도 세워 봐.

★ 목표의 예

큰 목표	장기 목표	영어 시험 100점을 받는다.
중간 목표	(중간 정거장)	다음 영어 시험 점수를 20점 올린다.
작은 목표	단기 목표	매일 교과서에 나오는 단어를 5개씩 외운다.

③ 실천 가능한지 검토하기

지금보다 조금 더 노력이 필요한 수준의 목표를 세우자. 무리한 목표를 세우면 시작도 하기 전에 지쳐. 괜히 실패 경험만 더 쌓이고 패배감만 짙어지지. 실천하는 도중에 어렵다는 생각이 들면 좀 더 쉽게 수정해도 괜찮아. 그렇다고 노력이 필요하지도 않은 쉬운 목표를 설정하지는 말자. 아무런 의미도, 보람도 없을 거야.

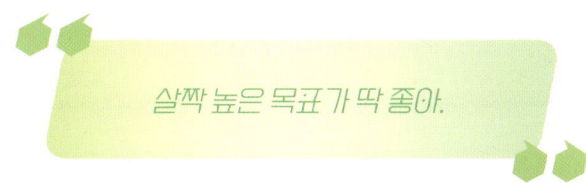

살짝 높은 목표가 딱 좋아.

④ 현실적인 일정표 만들기

실천이 가능한 일정표를 만들자. 너무 빡빡하게 계획하면 힘들어서 금방 포기하게 되거든.

가장 중요한 건 매일 같은 시간, 같은 장소로 계획하는 거야. 누구의 방해도 받지 않는 고요한 시간과 장소를 선택하면 좋아.

활동 시간은 필요한 시간보다 10~20퍼센트 정도 넉넉하게 계획해. 시간이 부족하면 초조해지고 성취감도 떨어져.

⑤ 목표를 잘 보이는 데 붙이기

목표는 반듯한 글씨로 크게 써서 잘 보이는 데 붙여 두자. 자꾸 바라보면 꼭꼭 기억할 수 있지.

 ## 연습, 연습, 연습만이 살 길

단번에 훌쩍 잘하게 되는 일은 없어. 뭐든 노력이 쌓여야 실력을 발휘할 수 있지. 어제의 실력과 오늘의 실력을 비교하며 앞으로 조금씩 나아가자.

아무리 즐거운 일이라도 계속 노력하면 힘들어. 뭔가를 열심히 한다는 건 원래 어려운 거야. 게으른 상태에 머무르는 것보다 더 많은 노력이 필요하지. 하지만 그 일을 완성했을 때 기쁨은 무엇보다 커. 스스로 만든 기쁨이라 그만큼 더 강렬하게 와닿을 거야.

조금씩, 꾸준히, 구체적으로

① 모르는 부분 파고들기

막연히 잘하고 싶다는 생각보다는 어떤 부분을 더 노력해야 하는지 구체적으로 알아야 해. 그래야 부족한 부분을 효율적으로 개선할 수 있지. 똑같이 노력해도 결과가 훨씬 좋고.

필요한 공부가 뭔지 잘 모르겠다면 선생님께 물어봐. 선생님의 조언에 귀를 기울이고 모르는 부분을 집중적으로 공략하는 거야.

오답 노트를 적는 것도 도움이 돼. 자꾸 틀리는 문제를 모아 보면 공통점이 보이거든. 어떤 부분이 부족한지, 왜 실수하는지 파악하고 같은 실수를 반복하지 않도록 노력하는 거야.

★ 효율적인 연습 계획의 예

	수학 문제를 풀 때 자꾸 실수한다. 왜 그럴까?
부족한 부분 ①	큰 수를 자릿수에 맞추어 읽는 게 어렵다.
- 연습 방향	뒤에서부터 네 자리씩 숫자를 실선으로 끊어 읽는다.
부족한 부분 ②	나누기를 세로 셈으로 계산할 때 비어 있는 자릿수가 헷갈린다.
- 연습 방향	비어 있는 자리에 0을 써서 몇십, 몇백인지 자릿수를 분명히 한다.

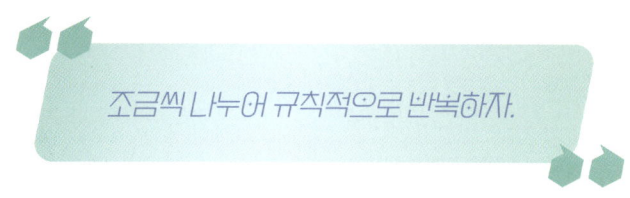

조금씩 나누어 규칙적으로 반복하자.

② 규칙적, 지속적으로 하기

매일 조금씩, 꾸준히 하는 게 중요해. 하루는 의욕이 넘쳐 5시간 하고, 하루는 힘들어서 아무것도 안 하는 것은 큰 의미가 없어. 조금씩 나누어서 규칙적으로 반복하는 게 훨씬 더 효과가 크지.

노력했는데도 기대한 것보다 잘하지 못하면 조바심이 들 거야. 지루할 때는 마냥 놀고 싶을 거고. 그래도 네가 세운 목표를 생각하며 흔들리는 마음을 바로잡자. 매일 들이는 노력은 반드시 제 몫을 할 거야.

③ 약간 어려운 과제에 도전하기

연습해서 잘하게 되면 그다음엔 더 어려운 과제에 도전해 보렴. 예를 들어, 수학을 공부할 때 쉽다는 생각이 들면 수준이 좀 더 높은 문제집을 선택하는 거야. 실력에 비해서 조금 더 어려운 과제를 만나야 흥미가 생기고, 해냈을 때 성취감을 느낄 수 있어. 그렇다고 또 너무 어려운 과제에 도전하는 건 안 돼. 불안감만 커지니까.

지금 실력에 만족하는 상태에 너무 오래 머무르면 안 돼. 앞으로도 그

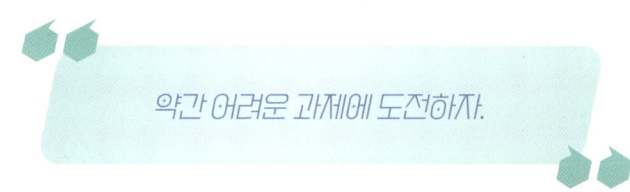

> 약간 어려운 과제에 도전하자.

럭저럭 해낼 수는 있겠지. 하지만 쉬운 것만 해 봐서는 실력이 의미 있게 향상되지 않아. 보다 어려운 과제를 향해 스스로를 밀어 붙어야 해.

어려운 건 힘드니까 마음이 쉽게 가지 않아. 쉬운 게 익숙하고 편하니까 계속 머무르고 싶지. 그래도 해이한 마음을 다스리고 다음 산을 향해 나아가야해. 그래야 진정한 발전이 있단다.

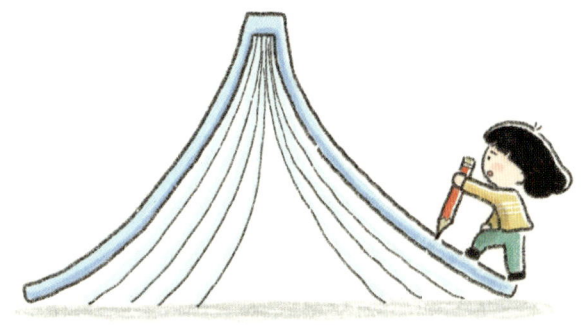

계속 도전하기

열심히 하더라도 때론 실패를 만나. 이것저것 여러 번 도전하면 실수와 실패는 더더욱 자주 만날 수밖에 없지. 처음부터 능숙하게 잘할 수 있는 건 거의 없거든.

하지만 성공할 수 있다는 믿음을 가지고 계속 도전해야 해. 어려울수록 더 크게 성장할 거야.

원하는 만큼 하지 못한다고 해서 네가 형편없는 사람인 건 아니야. 가끔 좀 부족해 보여도 '나'를 믿고 버티자. 할 수 있어!

실패에서 배우기

① 참고 견디기

어려운 문제를 만나면 끈질기게 매달리자. 시간이 좀 걸리더라도 해결하고 나면 무척 후련할 거야. 이전에 하지 못한 일을 해냈다는 성취감은 말할 것도 없지. 때론 포기하고 싶겠지만 인내심을 가지고 꾸준히 해 보자.

② 실패로 손상된 감정 얼른 회복하기

실패하면 다 쓸모없어 보이기도 해. 노력한 만큼 결과가 안 나오면 능력이 부족한 것 같고 노력도 의미 없어 보이지. 그래서 모든 걸 포기하고 싶어져.

그런데 실수와 실패는 누구나 겪는 자연스러운 일이야. 한 번의 실패가 너의 실력을 결정짓지는 않아. 앞으로도 많은 순간이 남아 있는데 자신을 한심하게 여기면 더 나아갈 수 없어.

'나는 능력이 부족해.' 말고 '노력이 더 필요한가 보다.'라고 생각하자. 누군가 너보다 잘하면 그건 너보다 일찍 시작했고, 더 오래 노력한 결

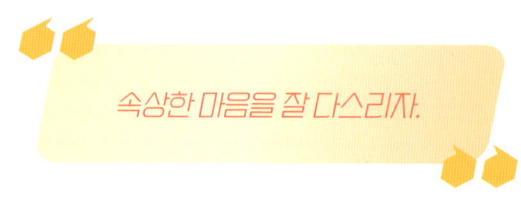

과인 거야. 부족함이 느껴지면 더 열심히 하자.

실수나 실패는 끝이 아니고, 그저 배움에 필요한 한순간이야. 그러니까 너의 능력을 의심하며 너무 오래 슬퍼하지는 마. 속상한 마음을 다스리지 못해서 포기하면 안 돼. 결과와 상관없이 네가 노력한 모든 순간이 소중해.

③ 실패에서 배울 점 찾기

실패하면 부족한 걸 인정하고 배우자. 모르는 부분을 채우며 아는 내용을 더 많이 만들어 가는 거야.

때로는 실패의 고통이 길을 안내해 주기도 해. 실패는 많은 정보를 담고 있거든. 무슨 말이냐면, 예를 들어 잘 못 본 시험에서 틀린 문제를 살펴보면 미처 공부하지 못한 내용, 틀린 개념, 잦은 실수 유형까지 알 수 있잖아. 왜 틀렸는지, 무얼 몰랐는지에 대한 정보가 다 들어 있는 거지. 실패를 파고들면 평소보다 더 많은 것을 익힐 수 있어. 그래서 실패에는 정보가 많다고 하는 거야. 실패라는 고통 뒤에는 길이 보인다

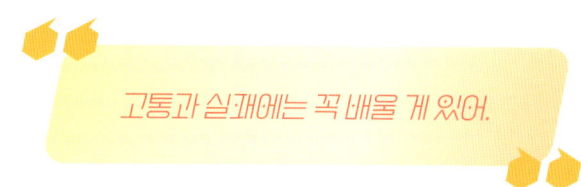

> 고통과 실패에는 꼭 배울 게 있어.

는 의미이고.

언젠가 실패를 만나면 숨을 한 번 크게 쉬고 똑바로 바라보자. 피하지 말고 정면으로 마주하는 거지. 왜 이런 결과가 나왔는지 찬찬히 원인을 살피고, 다음에는 똑같은 실수를 반복하지 않는 거야. 그럼 이다음엔 진짜 성공하는 거지! 그게 실패가 주는 가장 큰 가르침이란다. 실패 없이는 배울 수 없는 아주 소중한 것들이고.

체력 관리하기

피곤하거나 아프면 아무것도 할 수 없어. 집중력이 떨어지고 태만해지지. 그래서 건강한 상태를 유지하는 건 무엇보다 중요해. 몸이 건강해야 마음도 건강하단다.

① 충분히 자기

온종일 움직이며 사용한 몸에게는 회복할 시간이 필요해. 그래서 잠을 충분히 자야 해. 어린이는 잠자는 동안 성장 호르몬이 듬뿍 나와서 몸이 잘 자라는 데 도움이 되지.

뇌는 네가 자는 고요한 틈을 타 그날 보고 들은 것을 처리해. 중요한 건 저장하고, 쓸모없는 건 쓰레기통에 버려. 자꾸 반복하는 일은 중요한 정보니까 쉽게 꺼내 쓸 수 있도록 하지. 그렇게 기억력이 좋아지는 거야.

그러니까 잠자는 시간은 정말로 소중해. 가능하면 밤 10시 이전에 잠들고, 적어도 9시간 정도는 푹 자자.

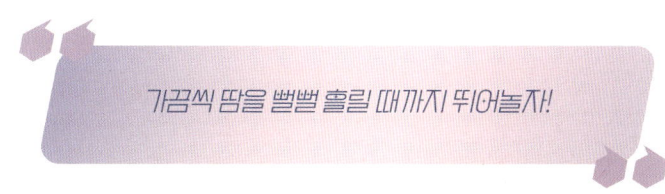

가끔씩 땀을 뻘뻘 흘릴 때까지 뛰어놀자!

② 운동 자주 하기

운동은 몸을 튼튼하게 하고 스트레스에 맞서 싸우는 힘을 길러 줘. 그래서 규칙적으로 운동하는 습관은 건강을 위해 꼭 필요해.

운동할 때는 평소와 다르게 몸을 쓰잖아. 머리, 허리, 팔다리를 다양한 방식으로 쓰니까 기능이 더 발달하고 튼튼해져.

기분도 금세 좋아지지. 몸을 움직이면 활력이 생기고 우울감과 피곤함도 덜 느끼게 되거든.

운동이 정 어렵다면 밖에서 마음껏 뛰어놀자. 땀을 뻘뻘 흘리며 노는 것도 아주 좋은 운동이야.

몸처럼 마음도 관리하기

생각은 다양한 감정을 만들어. 기쁨, 슬픔, 화, 우울 등 모든 감정이 가치 있지만 부정적인 감정을 오래 느끼면 힘들어. 그래서 재빨리 벗어나야 해.

① 부정적인 생각 바꾸기

부정적인 생각이 들면 정말로 사실인지 검토해 보자. 예를 들어, '난 잘하는 게 없어.'라는 생각이 들면 잘하는 걸 찾아보는 거야. 마치 탐정이 사건을 해결하기 위해 증거를 찾듯 반대되는 증거를 면밀히 조사하는 거지. 그러다 보면 그 생각이 사실이 아니라는 걸 알게 될 거야. 알고 보면 별일이 아닌 경우가 많아. 그러니 사실도 아니면서 기분만 나쁘게 하는 생각은 빨리 바꾸도록 해.

② 마음 털어놓기

힘들면 혼자서 끙끙 앓지 말고 주변에 도움을 요청해. 다른 사람과 소통하면 혼자 고민하는 것보다 덜 괴롭거든. 그저 비밀을 털어놓는 것만으로 긴장이 풀리기도 하지.

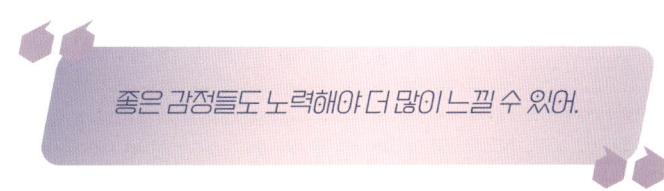

좋은 감정들도 노력해야 더 많이 느낄 수 있어.

다른 사람에게 말하는 게 정 어렵다면 생각과 감정을 차분히 써 보는 것도 좋아. 복잡한 생각을 글로 적으면 생각이 정리되고 마음이 한결 가벼워져.

③ 유쾌한 활동 자주 하기

기분이 좋아지는 행동을 자주 하자. 좋아하는 음악을 듣고, 운동을 하고, 맛있는 음식을 먹는 거야. 즐거운 행동을 자꾸 하면 새로운 감정이 서서히 차오르거든. 불쾌한 감정이 완전히 '뿅!' 사라지지는 않더라도 차차 흐려지지. 그러니 우울하다고 가만히 있지 말고, 몸을 움직여 봐.

어떤 일이 즐거운지 스스로 잘 모를 수도 있어. 그럴 땐 저녁에 하루를 정리해 봐. 있었던 일을 쓰면서 점수를 매겨 보는 거야. 기분 좋았던 일에는 높은 점수, 별로였던 일에는 낮은 점수를 매겨. 여러 날 반복하다 보면 어떤 상황에서 내가 즐겁고 편안한지 발견할 수 있을 거야.

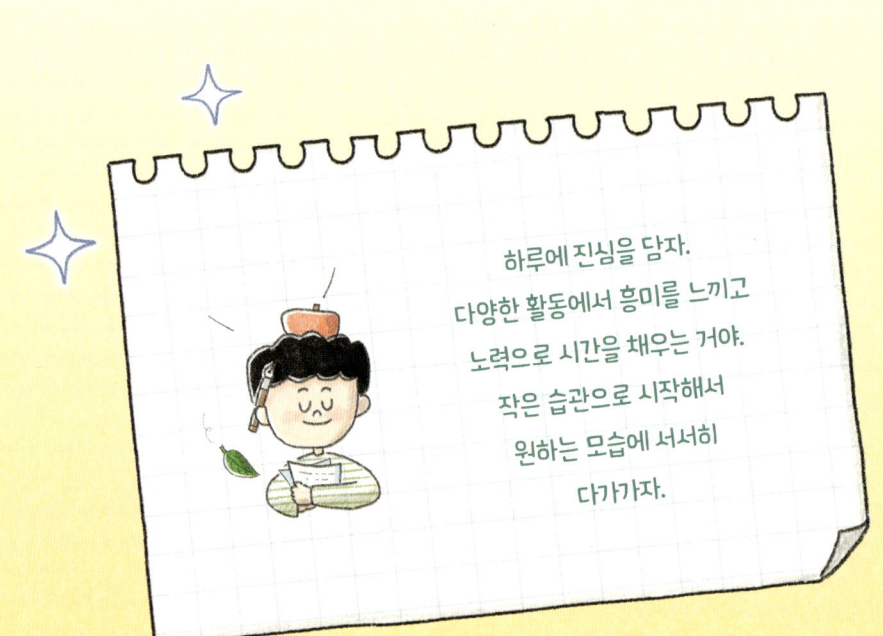

하루에 진심을 담자.
다양한 활동에서 흥미를 느끼고
노력으로 시간을 채우는 거야.
작은 습관으로 시작해서
원하는 모습에 서서히
다가가자.

멋진 하루가 모여 멋진 인생을 만들어.
네겐 멋진 하루를 만들 힘이 있어.
아침에 눈을 뜨면 웃으며 말해 보자.

"오늘도 멋진 하루가 될 거야."

아이의 공부를 응원하는 분들께

요즘 아이들이 느끼는 학업의 무게는 어떨까요? 열심히 공부하는 친구들의 스트레스는 말할 것도 없고, 제대로 하지 않는 친구들의 고민도 만만치 않아 보입니다. 공부의 중요성을 알고, 잘하고도 싶지만 마음만큼 되지는 않으니까요.

네, 아이들은 공부가 중요한 걸 잘 압니다. 그런데도 공부가 쉽지 않습니다. 중요한 게 마음대로 안 되는 아이들을 저는 좀 위로해 주고 싶었습니다. 공부 때문에 불안하고 위축되지 말라고. 공부는 진짜 너에게 의미 있고 재미있는 거라고 말해 주고 싶었습니다.

힘든 줄 알면서도 줄곧 더 노력하라고 주장하여 미안한 마음이 듭니다. 노력이 정답이긴 하지만 쉬운 일은 아니니까요. 그래서 아이의 바로 곁에 계시는 분들께 부탁 말씀을 전하고 싶습니다. 아이들은 어른의 영향을 많이 받거든요.

첫째, 과정을 지지하고 격려해 주세요. "몇 점이야?", "몇 개 맞았어?" 이런 질문 말고, "오늘 뭘 배웠니?", "오늘 뭘 하려고 노력했니?"라고 질문해 주세요. 결과 말고 과정에 관심을 가지고 자주 들여다봐 주세요. 왜냐하면 아이들은 질문에서부터 은연중에 무엇이 중요한지 학습하거든요. 결과와 상관없이 노력하는 과정이 중요하다는 걸 느끼게 해 주세요. 과정을 견딜 수 있어야 끝까지 공부할 수 있습니다.

둘째, 조금이라도 실력이 향상되면 바로 칭찬해 주세요. "잘했어."라는 막연한 칭찬 말고 뭘 잘했는지 구체적으로요. 칭찬은 아이들이 흥미와 재능을 확장해 나가는 데 매우 큰 역할을 합니다. 어린이는 발달 특성상 한 가지 일을 주의 깊게 관찰하고 오래 유지하는 게 어렵거든요. 그런데 칭찬은 뭔가를 더 잘하고 싶게 만듭니다. 칭찬을 듣고 마음이 몽글몽글해지면 아이는 그 행동을 지속합니다. 꾸준히 해야 성장의 기쁨도 느낄 수 있습니다.

셋째, 아이의 실수와 실패에 부정적인 감정을 엮지 말아 주세요. 누구나 시행착오 끝에 삶에 필요한 지식을 습득하고 익힙니다. 적극적으로 배우다 보면 실수와 실패를 피할 수 없습니다. 그런데 아이들이 실패했을 때 어른이 실망하는 기색을 보이면, 아이들은 실패가 나쁘다고 인식합니다. 그러면 실패하기 싫어서 익숙한 일, 잘하는 일만 하려고 합니다. 새롭게 배우는 일에는 소극적인 자세를 취할 수밖에 없습니다. 따라서 아이의 실패를 목격했을 때 부디 실망감을 숨기시고 평정심을 유지해 주십시오. 그래야 실패에 매몰되지 않고 다시 도전할 수 있습니다.

우리 모두 아이였던 시절이 있습니다. 내가 어릴 때 어른들이 이렇게 해 줬더라면, 하는 바람이 누구에게나 있습니다. 그 몇 가지만이라도 잘 실천한다면 아이들이 좀 더 편안하게 배우며 성장할 수 있을 것 같습니다.

슬기로운 공부 사전

2023년 2월 27일 1판 1쇄
2023년 10월 27일 1판 3쇄

글쓴이	김원아
그린이	간장
편집	최일주, 이혜정, 김인혜
디자인	민트플라츠 송지연
제작	박흥기
마케팅	이병규, 양현범, 이장열, 김지원
홍보	조민희
인쇄	코리아피앤피
제책	J&D바인텍
펴낸이	강맑실
펴낸곳	(주)사계절출판사
등록	제406-2003-034호
주소	(우)10881 경기도 파주시 회동길 252
전화	031)955-8588, 8558
전송	마케팅부 031)955-8595 편집부 031)955-8596
홈페이지	www.sakyejul.net
전자우편	skj@sakyejul.com
페이스북	facebook.com/sakyejulkid
인스타그램	instagram.com/sakyejulkid
블로그	blog.naver.com/skjmail

© 김원아, 간장 2023

값은 뒤표지에 적혀 있습니다. 잘못 만든 책은 구입하신 서점에서 바꾸어 드립니다.
사계절출판사는 성장의 의미를 생각합니다. 사계절출판사는 독자 여러분의 의견에 늘 귀 기울이고 있습니다.
이 책은 저작권법에 따라 보호받는 저작물이므로 무단 전재와 복제를 금합니다.

ISBN 979-11-6981-125-5 73370